MW00480285

IN CASE OF LOSS PLEASE RETURN TO

IMPORTANT NOTES

DATE	TRAIL DAY #
LOCATION	
START TIME / END TIME	
WEATHER CONDITIONS	

DATE	TRAIL DAY #
LOCATION	
START TIME / END TIME	
WEATHER CONDITIONS	

DATE	TRAIL DAY #
LOCATION	
START TIME / END TIME	
WEATHER CONDITIONS	

DATE	TRAIL DAY #
LOCATION	
START TIME / END TIME	
WEATHER CONDITIONS	

DATE	TRAIL DAY #

LOCATION

START TIME / END TIME

WEATHER CONDITIONS

DATE	TRAIL DAY #
LOCATION	
START TIME / END TIME	
WEATHER CONDITIONS	

DATE	TRAIL DAY #
LOCATION	
START TIME / END TIME	
WEATHER CONDITIONS	

DATE	TRAIL DAY #
LOCATION	
START TIME / END TIME	
WEATHER CONDITIONS	

DATE	TRAIL DAY #
LOCATION	
START TIME / END TIME	
WEATHER CONDITIONS	

DATE	TRAIL DAY #
LOCATION	
START TIME / END TIME	
WEATHER CONDITIONS	

DATE	TRAIL DAY #
LOCATION	
START TIME / END TIME	
WEATHER CONDITIONS	

DATE	TRAIL DAY #
LOCATION	
START TIME / END TIME	
WEATHER CONDITIONS	

DATE	TRAIL DAY #
LOCATION	
START TIME / END TIME	
WEATHER CONDITIONS	

DATE	TRAIL DAY #
LOCATION	
START TIME / END TIME	
WEATHER CONDITIONS	

DATE	TRAIL DAY #
LOCATION	
START TIME / END TIME	
WEATHER CONDITIONS	

DATE	TRAIL DAY #
LOCATION	
START TIME / END TIME	
WEATHER CONDITIONS	

DATE	TRAIL DAY #
LOCATION	
START TIME / END TIME	
WEATHER CONDITIONS	

DATE	TRAIL DAY #
LOCATION	
START TIME / END TIME	
WEATHER CONDITIONS	

DATE	TRAIL DAY #
LOCATION	
START TIME / END TIME	
WEATHER CONDITIONS	

DATE	TRAIL DAY #
LOCATION	
START TIME / END TIME	
WEATHER CONDITIONS	

DATE	TRAIL DAY #
LOCATION	
START TIME / END TIME	
WEATHER CONDITIONS	

DATE	TRAIL DAY #
LOCATION	
START TIME / END TIME	
WEATHER CONDITIONS	

DATE	TRAIL DAY #
LOCATION	
START TIME / END TIME	
WEATHER CONDITIONS	

DATE	TRAIL DAY #
LOCATION	
START TIME / END TIME	
WEATHER CONDITIONS	

DATE	TRAIL DAY #
LOCATION	
START TIME / END TIME	
WEATHER CONDITIONS	

DATE	TRAIL DAY #
LOCATION	
START TIME / END TIME	
WEATHER CONDITIONS	

DATE	TRAIL DAY #
LOCATION	
START TIME / END TIME	
WEATHER CONDITIONS	

DATE	TRAIL DAY #
LOCATION	
START TIME / END TIME	
WEATHER CONDITIONS	

DATE	TRAIL DAY #
LOCATION	
START TIME / END TIME	
WEATHER CONDITIONS	

DATE	TRAIL DAY #
LOCATION	
START TIME / END TIME	
WEATHER CONDITIONS	

DATE	TRAIL DAY #
LOCATION	
START TIME / END TIME	
WEATHER CONDITIONS	

DATE	TRAIL DAY #

LOCATION

START TIME / END TIME

WEATHER CONDITIONS

DATE	TRAIL DAY #
LOCATION	
START TIME / END TIME	
WEATHER CONDITIONS	

DATE	TRAIL DAY #
LOCATION	
START TIME / END TIME	
WEATHER CONDITIONS	

DATE	TRAIL DAY #
LOCATION	
START TIME / END TIME	
WEATHER CONDITIONS	

DATE	TRAIL DAY #
LOCATION	
START TIME / END TIME	
WEATHER CONDITIONS	

DATE	TRAIL DAY #
LOCATION	
START TIME / END TIME	
WEATHER CONDITIONS	

DATE	TRAIL DAY #
LOCATION	
START TIME / END TIME	
WEATHER CONDITIONS	

DATE	TRAIL DAY #
LOCATION	
START TIME / END TIME	
WEATHER CONDITIONS	

DATE	TRAIL DAY #
LOCATION	
START TIME / END TIME	
WEATHER CONDITIONS	

DATE	TRAIL DAY #
LOCATION	
START TIME / END TIME	
WEATHER CONDITIONS	

DATE	TRAIL DAY #
LOCATION	
START TIME / END TIME	
WEATHER CONDITIONS	

DATE	TRAIL DAY #
LOCATION	
START TIME / END TIME	
WEATHER CONDITIONS	

DATE	TRAIL DAY #
LOCATION	
START TIME / END TIME	
WEATHER CONDITIONS	

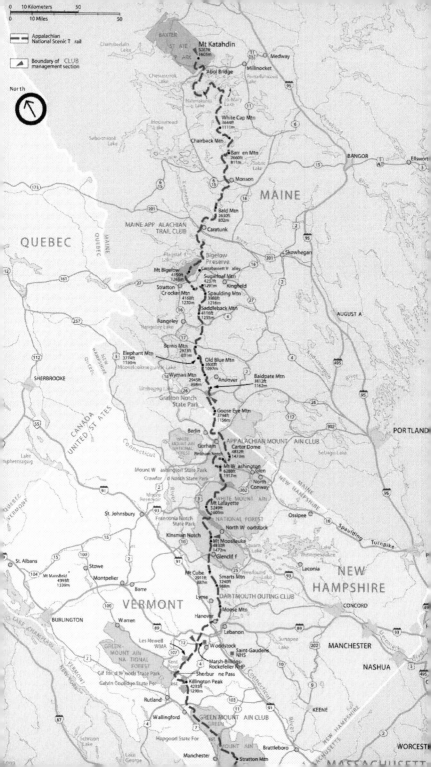

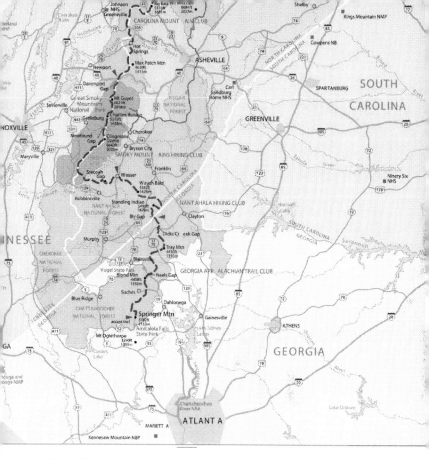

Map Courtesy Of U.S. National Park Service

Made in the USA
Columbia, SC
09 December 2019

84612557R00109